Rimas Irmãs

Editora Appris Ltda.
1.ª Edição - Copyright© 2023 das autoras
Direitos de Edição Reservados à Editora Appris Ltda.

Nenhuma parte desta obra poderá ser utilizada indevidamente, sem estar de acordo com a Lei nº 9.610/98. Se incorreções forem encontradas, serão de exclusiva responsabilidade de seus organizadores. Foi realizado o Depósito Legal na Fundação Biblioteca Nacional, de acordo com as Leis nºs 10.994, de 14/12/2004, e 12.192, de 14/01/2010.

Catalogação na Fonte
Elaborado por: Josefina A. S. Guedes
Bibliotecária CRB 9/870

G685r 2023	Gottardi, Rita 　Rimas irmãs / Rita Gottardi, Cristina Van Opstal. – 1. ed. – Curitiba : Appris, 2023. 　104 p. ; 21 cm. 　ISBN 978-65-250-4482-8 　1. Poesia brasileira. 2. Emoções. 3. Opstal, Cristina Van. I. Título. 　　　　　　　　　　　　　CDD – B869.1

Editora e Livraria Appris Ltda.
Av. Manoel Ribas, 2265 – Mercês
Curitiba/PR – CEP: 80810-002
Tel. (41) 3156 - 4731
www.editoraappris.com.br

Printed in Brazil
Impresso no Brasil

RITA GOTTARDI
CRISTINA VAN OPSTAL

Rimas Irmãs

Appris editora

FICHA TÉCNICA

EDITORIAL	Augusto Vidal de Andrade Coelho
	Sara C. de Andrade Coelho
COMITÊ EDITORIAL	Marli Caetano
	Andréa Barbosa Gouveia (UFPR)
	Jacques de Lima Ferreira (UP)
	Marilda Aparecida Behrens (PUCPR)
	Ana El Achkar (UNIVERSO/RJ)
	Conrado Moreira Mendes (PUC-MG)
	Eliete Correia dos Santos (UEPB)
	Fabiano Santos (UERJ/IESP)
	Francinete Fernandes de Sousa (UEPB)
	Francisco Carlos Duarte (PUCPR)
	Francisco de Assis (Fiam-Faam, SP, Brasil)
	Juliana Reichert Assunção Tonelli (UEL)
	Maria Aparecida Barbosa (USP)
	Maria Helena Zamora (PUC-Rio)
	Maria Margarida de Andrade (Umack)
	Roque Ismael da Costa Güllich (UFFS)
	Toni Reis (UFPR)
	Valdomiro de Oliveira (UFPR)
	Valério Brusamolin (IFPR)
SUPERVISOR DA PRODUÇÃO	Renata Cristina Lopes Miccelli
ASSESSORIA EDITORIAL	Jibril Keddeh
REVISÃO	Mateus Soares de Almeida
	Samuel do Prado Donato
PRODUÇÃO EDITORIAL	Jibril Keddeh
DIAGRAMAÇÃO	Bruno Ferreira Nascimento
CAPA	Lívia Weyl
REVISÃO DE PROVA	Raquel Fuchs

— Não quero mais saber do lirismo que não é libertação.

(Manuel Bandeira)

Prefácio

Em muitas filosofias, o conceito de belo por vezes mistura-se à ideia do bom. A cultura dá o tom e a medida, e tanto o que é belo quanto o que é bom variam a cada tempo e lugar. O assunto é mais espinhoso ainda quando se traz ao centro da discussão a obra de arte. É mais uma variável a embaralhar o pensamento, pois, se é incerto o que seja belo e bom, mais envolto em brumas ainda é a definição do que seja arte. Pressupõe-se que a arte tenha tanto de belo, quanto de bom — e que, assim, carregue em si uma porção de verdade, que faça sentido ao leitor, ouvinte, observador. Belo, bom e verdadeiro. Tanta subjetividade impõe a pergunta: será que o caminho para definir — e, por que não, desvelar? — a arte, seja o coração?

Para tanto, é preciso conjurar a emoção de quem aprecia, como também a do criador da obra, pois só se chega a um coração partindo de outro. Nesse sentido, este pequeno *Rimas irmãs* haverá de ressoar em muitos peitos, tocar muitas almas: pelas páginas, os olhos passeiam leves e o que leem é coração puro, que se confessa e se desvela a cada verso. Ou não é apenas e tão somente um coração quem escreve: "Acostumei/À sua voz/Seu cheiro/Virou o meu/Teu corpo/Moldura perfeita/Acostumei/Com seus barulhos/Sinto tanto a falta/Que me esgota/Será por amor, costume/Não sei/Mas teu perfume/Ainda paira no ar/Atormenta/Afugenta/Outros amores/Novos costumes"?

Que não nos enganemos com as métricas. Da poesia, até a mais cerebral, não se espera outra coisa: que seja escrita com os recônditos e nichos do coração, antes do que com mãos no teclado ou caneta no papel; que seja o sangue que corre nas veias, que traduza o viço perfumado das madrugadas, as auroras silenciosas dos domingos, as memórias das terras por onde pisaram os pés, os labirintos de alma onde nos perdemos sem fio de Ariadne; que seja cada pôr de sol à beira mar, mas na voz e cor do próprio sol: isso é a poesia, sempre única e vívida, pois sempre subjetiva. Recaímos no mistério do belo e do bom, platô em que se dá a interação com os outros corações, em que a experiência individual ganha o sentido que transcende a pessoa, o criador, e toca outros seres humanos, de outros lugares e até de outros tempos.

Rita e Cristina são duas irmãs, como elas mesmas afirmam, que em nada se parecem: "os cachos loiros de uma contrastam com o cabelo naturalmente liso e preto da outra... uma é mais falante; a outra, mais contida... uma canta tão lindamente, a outra, só 'no chuveiro'... uma é mãe; a outra, tia...". Mesmo assim, ou por causa disso, apresentam nas páginas a sintonia e a cumplicidade que se veem nos palcos, nos mais sublimes e sutis balés. A começar pela temática, dominada pelo amor, pela paixão, pelas dores e ardores das relações a dois. Alguém pensou em coração? Ele nasce e se aninha na obra a partir de versos como estes: "Eu-lírico/Você, cínico/Verso livre/sem eira, nem rima/seu desejo, matéria-prima/meu decassílabo/tão imperfeito/pega teu sorriso e vai, leva a paz do meu peito/Você, um haicai/Eu, um soneto.///Errei na métrica?/Ah... o amor e sua licença-poética...".

Um coração que transborda, mas que também contém a sua dose de ironia: a métrica errada é o acerto da poesia. Uma pequena lição aprendida de Guimarães Rosa é retomada à base de um sorriso no rosto: para transcender as amarras, é preciso conhecer no íntimo os nós. Se a língua é presa, há que se explicar como é a gramática: "Fuja dos amantes do gerúndio/Tô me separando.../Tô ficando.../Tô procurando.../Joga o passado no precipício/Acabado, particípio!".

Acabado, particípio: a língua refaz a vida nos versos de Cristina e Rita. Neste poema, "Infinito", seguem, impávidas, a busca das descobertas do porvir: "Queira gente de presente/Queira gente de futuro/Andou no escuro, não importa;/A verdade é essa./É imperativo nova porta/Abre pro infinito, recomeça/conjugue a vida;/a voz, ativa,/com coragem, depressa!"

Não, não há pressa: a leitura de *Rimas irmãs* pede o sorver da palavra, o encanto de se perder nas horas, como se adiante no relógio houvesse nada além do que um abismo. Só assim o futuro chega sem vício ou cerimônia, pronto para nos arrebatar a novas aventuras — e ao encontro, quem sabe, de novas e vistosas *Rimas irmãs*, na próxima esquina da vida.

Ronaldo Abreu Vaio
Jornalista, editor do caderno "**Galeria**", *do jornal*
A Tribuna

Apresentação

Somos duas irmãs que, em nada, se parecem... Os cachos loiros de uma contrastam com o cabelo naturalmente liso e preto da outra... Uma é mais falante; a outra, mais contida... uma canta tão lindamente, a outra, só "no chuveiro"... uma é mãe; a outra, tia.

No entanto, nosso amor é tão grande que sempre nos põe em sintonia. Somos versos livres, cuja cumplicidade sempre nos fez rima!

Assim, como irmãs que rimam, decidimos reunir, neste livro, nossas criações poéticas, algumas vezes coincidindo as temáticas, outras, enveredando por visões diversas.

Acreditamos que é essa pluralidade que o tornará tão singular para cada um que nos ler.

Esperamos, portanto, que, ao partilharmos nossos versos, esses possam ecoar também seus anseios, planos e devaneios!

Abraços poéticos,

Rita e Cristina.

Sumário

FUI 15
COSTUME 16
AMOR É ASA E PORTO ... 17
EU, UM RIO 18
AMOR QUE NÃO VIVI . 18
SAUDADE 19
ENTRANHAS 20
SEMENTE 21
ENCONTRO 22
LICENÇA POÉTICA ... 23
SAMBA-CANÇÃO 24
SUSTENIDO 25
SAMBA-ENREDO 26
AINDA 27
TEU OLHAR 28
OLHARES 28
DOR 29
DESILUSÃO 29
RESPOSTA 30
APRENDENDO A JOGAR? 31
AVASSALADOR 32
VINTE MIL LÉGUAS *SEXYMARINAS* 33
O TEMPO 35
TUA 36
SEU BEIJO 38
AH! MAR 39
FRESTAS 40
E DEZEMBRO CHEGOU ... 41
A QUEM TRAI O TRAIDOR? 42
INFINITIVO 44
GRAMÁTICA NORMATIVA 45
ÊNCLISE 46
ALFABETO 47
VIESTE COM O MAR .. 48
ORAÇÃO REVOLUÇÃO . 49

- FÉ ... 50
- SUA AURA ... 51
- ETÉREO ... 52
- POEMA NU ... 53
- THE TIDE RISES, THE TIDE FALLS ... 54
- MOTIM ... 55
- EU CANTARIA DE AMOR TÃO DOCEMENTE ... 56
- CIRURGIA ... 57
- ADORO QUANDO O SOL VEM NOS LEMBRAR ... 58
- AZUL ... 59
- DEFINITIVAMENTE ... 60
- JUSTIÇA ... 61
- PENSEI ... 62
- VIÚVA NEGRA ... 63
- UNIVERSO ... 64
- BEIJO ... 65
- PURO ... 66
- DOBRADINHA ... 67
- MAIS DE UMA DÚZIA DE COISINHAS NEM UM POUCO À TOA QUE NÃO NOS DEIXAM FELIZES ... 68
- SER ... 69
- FIM ... 70
- JURAS ... 71
- ATA-ME ... 72
- COLHEITA ... 73
- PURA ... 74
- HÁLITO ... 75
- POR INTEIRO ... 76
- O BEIJO ACONTECEU ... 77
- TU E EU ... 77
- AMOR É REFÚGIO ... 78
- COMBINAÇÕES ... 79
- SÓ... NÓS ... 80
- PEDIDO ... 81
- APESAR DE... ... 83
- PROMESSAS ... 84
- PRIMAVERA ... 85
- ESCOLHAS ... 86
- VÃO ... 86
- INVERNO ... 87
- PAI ... 88
- FIZ TANTO PARA NÃO MAIS ME LEMBRAR ... 89

DENSIDADE 90	**BRINCANDO COM PALAVRAS:** POEMAS INFANTIS
SEM LASTROS 91	
MOÇA EDUCADA 92	
BAILE 93	BALÃOZINHO 100
RECOMEÇO 94	FESTA 100
SEM LEGENDA 94	O JACARÉ 101
ANTES DE O MAR, MAIS UMA VEZ, TE TRAZER. 95	PESSOAS 101
	ZOOLÓGICO 102
IN DUBIO 96	A CASA 103
ERA UMA VEZ 97	ABC 103

Fui

Cristina Van Opstal

Fui esteio
Fui abrigo
Fui caminho

Fui morada,
Namorada
Luz na estrada

Fui fonte
Fui reino
Fui ponte

Fui luz
Fui verdade
Fui vontade

Fui riso
Fui música
Fui domingo

Fui sã
Fui siso
Fui semana

Fui vento
devaneio
Fui descanso

Fui única
Fui múltipla
Fui diversa

Fui coragem
Fui viagem
Fui possibilidade

Fui barco
Fui ilha
Fui promessa de filha

Fui dúvida
Fui escolha
Fui certeza

Fui espera
Fui janela
Fui presente

Fui sede
Fui corpo
Fui lábios em fogo

Fui olhos
Fui laço
Fui o abraço

Fui possível
Flexível
Fui silêncio

Fui chão
Fui cerca
Fui jardim

Fui a errada
Fui a incerta
Fui o perdão

Fui voz
Fui espelho
Fui conselho

Fui asa
Fui casa
Fui saudade

Fui palavra
Fui pergunta
Fui poema

Fui semente
Fui lavoura
Fui colheita

Fui profunda
Fui inteira
Infinita

Não vieste?
Fui embora.

Costume

Rita Gottardi

Acostumei
À sua voz
Seu cheiro
Virou o meu
Teu corpo
Moldura perfeita
Acostumei
Com seus barulhos
Sinto tanto a falta
Que me esgota
Será por amor, costume
Não sei
Mas teu perfume
Ainda paira no ar
Atormenta
Afugenta
Outros amores
Novos costumes.

Amor é asa e porto...
Te quero para o meu voo
Te quero para meu pouso.

Se me cortas a asa,
eu sufoco, murcho...
aos poucos, morro.

E se não fores meu porto,
Me perco, arremeto...
e tão muito sofro!

Então...
Não me sufoque a asa
Não me desfaça o porto.

Voa comigo... tua mão não solto!
Meu voo é livre, mas não é solo.
Amor é céu, amor é colo.

Cristina Van Opstal

Eu, um rio
Você, meu desvio...

Cristina Van Opstal

Amor que não vivi

Rita Gottardi

Por medo
Receio
Covardia
Perdi o que podia
Perdi o beijo
Perdi o carinho
Na ironia das minhas palavras
Seu olhar entristeceu
Fechou a porta
Trancou seu coração
Morri.

Saudade:
pedaços de ti
dentro de mim.

Eu, em pedaços.

Cristina Van Opstal

Entranhas

Rita Gottardi

Das entranhas vieste
Úmido útero
Chegaste com um olhar azul
De um céu angelical
Descomunal
Choraste sem palmadas
Com bocarra de passarinho
Trêmula e urgente
Teu choro desmielinizado
Cessou ao parar do meu lado
Ao escutar meu pranto emocionado
De ver meu filho parido, lindo
Infinitamente e instantaneamente
Tão amado
Neste momento sublime
Meu útero exposto
Senti meu corpo visceral
O ventre vazio
A se despedir de ti
Após nove meses
A te receber até meu fim.

Semente

Cristina Van Opstal

Ainda eras semente de um amor ausente,
Mas teus olhos, já via,
pra tua boca, eu sorria
Queria-te muito...

Veio no vento o meu amor
Reconheci-o quando chegou.

— Já era tempo!
o coração alerta

— Não temos tempo!
o corpo apressa

As mãos... suas... juntas,
nua: entrega.
Semente do amor presente.

Enchente das águas,
incham as margens...
O rio que leva
alimento e afeto
te traz tão perto...

Eu canto em prece, te acalanto...
Meu ventre cresce te esperando.

Virás, sem dor, no tempo certo...
Te chamarei de meu amor!

Encontro

Rita Gottardi

Filho semente
No meu ventre cresce
Multiplica, aparece
Mexe, remexe
Espreguiça

Modifica a forma.
Forma.

Expande sensações
Todas, sem exceções
crescem nas mesmas proporções
da semente
que ao virar gente
renova
prova
provoca em teimar
que pode tornar
um olhar
em encontro infinito
transcender
o amor mais bonito
em amar, verbo infinitivo
Eternidade.

Licença poética

Cristina Van Opstal

Eu-lírico
Você, cínico
Verso livre
sem eira, nem rima
seu desejo,
matéria-prima
meu decassílabo
tão imperfeito
pega teu sorriso e vai,
leva a paz do meu peito
Você, um haicai
Eu, um soneto.

....

Errei na métrica?
Ah... o amor e sua
licença-poética...

Samba-canção

Rita Gottardi

A voz do boêmio
Turva meu olhar
Sobre o travesseiro.
Canta dores de amores
Canta as minhas mágoas
As perdas
As idas sem voltas
O abandono.
Na embriaguez
Do vinho cor de sangue
Cerro as pálpebras
E caio no abismo do esquecimento
Que nesse momento
É único consolo
Pra minha infinda dor de cotovelo.

Sustenido

Cristina Van Opstal

Tenha dó...

Foste lá
ver outro sol

teu grave fá
já não me guia

sofro cá
triste em mi

condena-me ré
longe de si

Samba-enredo

Rita Gottardi

Não fui seu samba enredo
Nem fiz história na avenida
Na hora do recuo perdi o compasso
E no passo do teu coração
Virei marchinha
Sem confete, sem serpentina
Termino esse desfile
Chorando feito cuíca
No repique do tamborim
Sem o dez da harmonia
Sem cantar o refrão
"vai pensando que tá bom!"
Meu deus de betume
E seu coração que a neve encobre
Virou cobre
Quando podia ser ouro
E no azul do meu olhar
No tombo da passista
Vejo partir
Sem gastar o tempo que tinha pra gastar
Terminando o desfile antes do fim.

Ainda

Cristina Van Opstal

Sei que vai passar
Em mim, a tristeza não demora!

Todavia, por ora,
lembro-te,
falta-me,
sinto-te,
lamento-nos...

Teu olhar:
meu lar.

Cristina Van Opstal

Rita Gottardi

Nos teus olhos
A promessa
Apressa

Corro pros teus braços
Sem cansaço

Adormeço em ti.

Rita Gottardi

A dor é física
Tísica

Dor emocional
Carnal

Dor de cotovelo
Ah, essa é difícil

Dor de cabeça
Nefasta

Dor da perda
Mata!

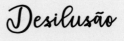

Cristina Van Opstal

Amor basta?
Amor resta?
Amor presta?

Resposta

Rita Gottardi

Seduzo, sou sedução
Invado seus sonhos, sou fantasia
Atravesso seu destino, estava escrito
Dispo tua vergonha
Que coisa boa!
Exponho seu instinto
Que bom ser bicho!
Te enlouqueço
É um bom começo
Aceno com a felicidade
Quem não a quer?
Sou gentil pra te conquistar à distância
Aguço teus sentidos
Perfeito, meu amigo!
Por fim, sou leve como a luz
Porque sou filha da lua
Sutil
Apenas pra rimar com gentil
E, se prometo, sem prometer
Lembre-se
"Promessa não é dívida, é dúvida"
Então esclareço:
Se é isso o que quer
Não sou anjo, nem demônio
Sou Mulher!

Aprendendo a jogar?

Cristina Van Opstal

O problema do jogo no amor
é pôr o amor em jogo...

arriscar o amor
blefar com o amor
mascarar o amor
dificultar o amor
descartar o amor...

o amor — pra valer — pede
a cara limpa
a alma aberta,
o coração desperto!

truques são para
os mágicos,
os fracos,
os desiludidos...

Avassalador

Rita Gottardi

Quem é ele?
Que me toma
Que me assola com palavras de amor
Que me conta sua verdade
Que me esconde a vaidade
Que me ama à distância
Quem é ele?
Que vem como a brisa e sopra meus cabelos
Que vem como o vento içando minhas velas
Que me leva
Quem é ele?
Avassalador, instintivo
Quente, fremente
Leva meu futuro, cuida
Penetra meu corpo, minha alma
Leva na palma meu coração
Quem é ele?
Você

Vinte mil léguas sexymarinas

Cristina Van Opstal

É impossível não mergulhar no teu mar
e perder-me na tua imensidão...
É vital querer por ti navegar,
E pro teu corpo nunca dizer não!

A vinte mil léguas
meu desejo te espera,
meu amor te saboreia,
sem descanso, nem tréguas
só pra ser tua sereia...

Meu Nemo, capitão,
sempre a me buscar
para imergir na tua paixão
e de minhas amarras me soltar.
Meu valente marinheiro,
meu lobo, meu cordeiro.

No azul profundo
o encontro das águas;
no azul fecundo,
o encontro das almas;
Ver-me ao ver-te:
no fundo dos olhos teus
o verde dos meus...

Destemido, avanças
Tua Nautilus me procura
e eu, à espera, toda nua...

Invada-me,
Cousteau do meu mar
sereia a explorar,
na Atlântida perdida
viagem só de ida,

naufraga o silêncio
ancora teu ser
e eu mergulho tão fundo
de tanto prazer...

O tempo

Rita Gottardi

Tantos já te descreveram
Um tanto melhor que eu
O tempo é segundo
E num segundo ele passa
Faz trapaça
Ri, zomba
O tempo é passado.
Presente.
Futuro?
O tempo flutua
Paira, evapora
Mas tal como catapora
Deixa suas marcas
O tempo cicatriza
Cura
O tempo eterniza
Perpetua
O tempo
Como o vento
Passa
Breve, leve
Ou atormentado
Agigantado.
O tempo
No relógio
Ou na ampulheta
Tiquetaqueia
No ritmo
Do coração que naufragado no tempo
Esqueceu de respirar
Vai tempo
Voa!

Tua

Cristina Van Opstal

Tua noite
Tua casa
Tua porta
Nada importa

Minha boca
Tua boca
Me atordoa
Sob a roupa

Teus olhos
Teus braços
Teu colo
Meu corpo...

Tua cama
Tuas mãos
Minha pele
Tudo chama...

Tua voz
Teu sorriso
Teu sabor
Nenhum juízo

Teus dedos
Meus segredos
Meu sussurro
Teu norte

Meu colo
Teu corpo
Tudo arde
Já é tarde

....

RIMAS IRMÃS

Teus ombros
Meu recanto...
Abandono de amor
por todo o canto

Seu beijo

Rita Gottardi

O beijo pode ser assim
Despretensioso
Cheiroso
Gostoso
Suave
Tenso
Intenso
Quente
Molhado
Macio
Cheio
Entrega
Presença
Mas pode ser
Frívolo
Ausente
Frio
Vazio
Raivoso
Mas o seu beijo
Ah o seu beijo
Esse é inesquecível.

Ah! mar...

Cristina Van Opstal

No mar do teu corpo
Sou náufraga
Sou bússola
Sou lúcida

Invoco tempestades
provoco vontades
no mar do teu corpo

No mar do teu corpo
afundo... profunda...
ancoro saudades

Sedenta mergulho
verdes águas descubro
no mar do teu corpo

No mar do teu corpo
sou vento: sem juízo...
Navegar é preciso;
Amar-te não.

Frestas

Rita Gottardi

que o ano seja de festa, sem frestas
sem arestas... só com serestas
pra alegrar os corações apaixonados
para os amados...

que o ano seja de festa
sem mãos na testa
em sinal de desespero
que seja festeiro
com canções de amor
um eterno mês de janeiro

que o ano seja de realizações
chega de espera
de esperar na janela
pelos sonhos que não conseguimos realizar

que o ano que se inicia
supere as expectativas
que as perdas sejam mínimas
e que os ganhos transbordem
tin tin!

E dezembro chegou...
E o ano voou...
Ano de muita labuta,
de tanta luta...

Ano de plantio
de deixar correr o rio
pra levar a tristeza,
trazer o perdão.

Ano de semear,
de mergulhar
se redescobrir
se deixar florir...

Ano de mais um pouco
Amadurecer,
aclarar a fé,
doar-se à luz...

Ano de agradecer!

Cristina Van Opstal

A quem trai o traidor?

Cristina Van Opstal

Insidiosa serpente
sorrateira pelos vãos cotidianos
teu sorriso aparente,
engana, mente
camufla os danos...

Fere a mão que te estendem
fere a mão que te afaga
Esconde-se a fera na bela...
veneno escorre em palavras.

Do alheio a luz te incomoda
Inveja inflama, queima
Destila teu cinismo sem fim
Sobre o milenar irmão de Caim

Teu olhar de cobiça alimenta o fel
Oculta-se o mal do outro
lado do véu

Voz suave sussurra
mascarando o perigo.
A presa, ingênua, confia
na promessa de abrigo.
Não espera a dor atroz,
não reconhece seu algoz,
e segue de mãos dadas contigo...

Mas também como se contesta
quem
  se
     esgueira
       ardiloso
         pelas
           frestas?

Os versos de Iago
espelham o reverso do amor
corrompem a fé,
sufocam a alma
imunes espalham
impunes a dor...

Um dia, no entanto...
a verdade se impõe...
Revela-se o traidor
o monstro por detrás do rosto
razão de tanto dissabor

Coração cheio de espanto
cheio de dúvidas e de pranto
desamparado se pergunta
"Como não vi tua face
impura?"

Traíste...
Feriste...
Mas o que tanto querias
não conseguiste !

Tua ingrata traição deixa cicatrizes,
mas, definitivamente, não cria raízes.

No outro, o brilho permanece
A amargura não lhe tem morada
Tanta dor enfim se desvanece
Ao futuro brinda na alvorada...

Infinitivo

Cristina Van Opstal

Um conselho pros amigos:
Fuja dos amantes do gerúndio
Tô me separando...
Tô ficando...
Tô procurando...
Joga o passado no precipício
Acabado, particípio!

Queira gente de presente
Queira gente de futuro
Andou no escuro, não importa;
A verdade é essa.
É imperativo nova porta
Abre pro infinito, recomeça
conjugue a vida;
a voz, ativa,
com coragem, depressa!

Gramática normativa

Rita Gottardi

Quero permanecer, estar, ficar
Tal como gramática normativa
Tornar sua vida infinita

Quero, como em minha poesia,
Mergulhar em teus olhos betume
Sentir teu perfume
Ver o sol brilhar

Quero ser amada sem pressa
Pelo meio, sem começo, sem fim
Adormecer em ti
Acordar em mim

Quero respirar profundamente
Contente abrir os olhos
Enxergar você
Registrar na minha retina
O modo como olha pra mim

Quero por fim cantar
Atravessar um campo
Repleto de girassóis
Desatar os nós
Criar laços

E nesse passo
No compasso da dança
Feito criança
Rodopiar

Ênclise
Cristina Van Opstal

Tuas palavras:
carícia
mundana
insana-me

Teu cheiro:
babel
de sentidos
envenena-me

Teus olhos:
insolente
mar
deriva-me

Tua vontade:
silente
impulso
pulsa-me

Tuas palavras:
babel
mundana
decifra-me

Teu cheiro:
impulso
sem freio
liberta-me

Teus olhos:
silente
carícia
navega-me

Tua vontade:
insolente
amar
devora-me

Alfabeto

Rita Gottardi

Claro
Escuro
Que oposição!
Prazer
Dor
sem rimar com amor
Contrariedade
Translação
Rotação
Simetria
Sem oposição
Macho
Fêmea
Complemento fantástico
Negando a contradição
Repouso
Movimento
Nos leva ao dilema
Casar ou comprar uma bicicleta
Eu minto
Paradoxo
Eterno.

Só 23 operários
espertos
tornam o mundo
dialético
criativo
indiscreto
faz a máquina binária
otária
parecer centenária
extinta
jurássica.

Vieste com o mar...
tuas ondas naufragaram
meus receios,
inundaram-me de anseios...

quando vi, já era tua
sob a lasciva luz da lua!

Cristina Van Opstal

Oração revolução

Rita Gottardi

Mil novecentos e sessenta e sete nasci
Algo eu perdi
Cresci brasileiro
mediano sou
Médio Média Merda!
Nada rasguei em praça pública
Gritos não dei nos festivais
Urro ao ler os jornais
Creio no espírito santo
Não na igreja hipócrita capitalista
sou Comunhão inexistente
A remissão dos pecados
Mil deles perdoados
Bandeiras não carreguei
Geração desacreditada
De mil formas humilhada
Resgata dentro de mim
O nascimento
Na vida eterna
Etérea
Amém

Fé

Cristina Van Opstal

E, no final das contas,
amar é um ato de fé...
Fé em nós mesmos
Fé no outro
Apesar de tudo,
dos temores, das feridas
dos tropeços nas esquinas.

Amar é crer
Crer no outro que nos oferta alegria
Crer em si para receber a alegria
é crer no dia a dia.

Amar é acreditar
Acreditar na capacidade de amar o outro
Acreditar na capacidade de amar do outro

Sua aura

Rita Gottardi

Clara, amarelinha
Cor da linha do horizonte ao entardecer
Assim eu vi
Agarrado à guitarra que chorava
Reluzia sua aura
Límpida, impávida.

Etéreo

Cristina Van Opstal

Depois do amor
minha alma se acalma:
meu leito é teu peito...

Poema nu

Rita Gottardi

Em você nunca me inspirei
Te esperei
Enquanto não vinhas
Atravessei desertos
Mergulhei em falsos oásis
Meu olhar nômade
Vagava pelo infinito
Até cruzar com o seu olhar tuareg
Numa noite de carnaval.
Em você nunca me inspirei
Pra escrever versos quentes
Mas os vivi intensamente
Verdadeiramente
Pra sempre.

The tide rises, the tide falls

Cristina Van Opstal

The tide rises...
    and he comes together,
    But anyone he finds.
    Along the sand, through the light,
    he looks for his soulmate...
    In vain. She didn't come.
    Whitin the curlew's crying,
    he calls: "I wish you were here".

        Shadows steal the day, blacking the sky.
            Waves, on the sea, whispering: WHY?
            Tired dashed hopes fill him completely.
            Full of pain, his heart realizes...
            There is no return.
            It's time to leave!
                      The tide falls...

Livremente inspirado no poema original de Henry Wadsworth Longfellow, de 1881.

Motim

Rita Gottardi

Do latim *motu*
Arruaça, movimento
Barulho, tumulto
Foi o que fez em meu coração
Não pediu licença
Invadiu, amotinou-se
Fez de mim sua posse
E nem pensa
Chega, senta
Me toma em teus braços
Feito usucapião
Arranca minhas roupas com a boca
Me incendeia com suas mãos
Resignada, entrego minhas terras
Deságuo, matando tua sede
Enquanto cavalgas por minhas sebes
Feito um príncipe
E nesse motim de corpos
Me entrego ao barulho, à arruaça,
À desordem
Traço meu rumo,
Descubro meu norte.

Eu cantaria de amor tão docemente,
Se a ti soubesse que encantaria,
Indiferente, porém, tu permaneces,
Nem sequer ouves esta melodia...
Rejeitas meu canto: tristemente me calo.
Resta-me apenas o silêncio, que anuncia meu pranto.

....

Eu desistiria deste amor certamente
Se acreditasse que sem ele não morreria...
A te amar, portanto, eu permaneço.
Enxugo meu pranto, me fortaleço,
Rompo o silêncio, torno a cantar,
Desta vez, tu irás me escutar.

E eu cantarei de amor tão docemente...

Cristina Van Opstal

Livremente inspirado no soneto de Luís de Camões

Cirurgia

Rita Gottardi

Mergulho em mim
Caio no eco dos meus sentimentos
Vazia, oca de possibilidades
Rastejo.
Procuro, em vão, livrar-me,
Mas os fantasmas insistem,
Resvalam.
Obtusamente insisto;
Finco os pés como garras,
Numa teimosia taurina,
Numa fúria escorpiana.
Revejo meu vazio,
E nesse vácuo,
Emudeço.
Escureço com o sol a pino.
Esmoreço.
Troveja alto
Efêmeras tempestades
Lavam e levam o medo
Piro, inspiro,
Transpiro.
Recrio a vida ao parir
Tropeço no caco de vidro
Refaço os estilhaços
Cicatrizo.

Adoro quando o sol vem nos lembrar
que o cinza dos dias não dura para sempre...

Cristina Van Opstal

Azul

Rita Gottardi

Quero um beijo azul
Para chegar ao céu
Imaginá-lo nu

Quero o mar
E o infinito dos teus olhos
A boiar nos meus

Quero ar em plenitude
Gemer alto
Enxergar o Cruzeiro do Sul
Na constelação azul do beijo

Quero o açoite
No estalar da noite
Num efêmero beijo
No afã do desejo

O teu olhar tornou-se
Azul refletido do meu
E, assim, entreguei meu corpo destreinado
Aos cuidados do teu.

Definitivamente

Cristina Van Opstal

Se a verdade se cala
Se o silêncio conversa com o vazio
Se a lucidez é uma intrusa na sala
Se a dor invade o prazer
Se à carícia impõe-se um dever
Se o corpo não mais queima
Se o corpo queima, mas não aquece
Se o colo não se faz recanto
Se ficar só não é mais uma escolha
pra "de vez em quando"
Se a crise não é uma efêmera chance
de reinventar o amor
Se não se consegue mais rir dos enganos
Se há mais lembranças do que planos
Se promessas se acumulam
e a primavera não se anuncia
Se não há mais no que acreditar
Se não há mais o que esperar

É hora de dizer adeus...

Justiça

Rita Gottardi

O que é justiça afinal?
É olho por olho?
Dente por dente?
É somente divina?
Ou é da gente?
Justiça dos homens?
Como é possível?
Somos tão imperfeitos!
Justiça sem efeito.

Justiça de Deus?
E os ateus?
Como é possível acreditar nos homens
Crer em Deus
Na retidão de ideias
Sem omissão.

Na cruz somos pregados todos os dias
E os pecados lavados em sangue
Trazem alforria
Mas a justiça?
Ah, essa balança tão desgastada
nos crucifica.

Pensei

Cristina Van Opstal

Pensei que eu não quisesse
pensei que você soubesse
pensei que você pudesse

Pensei que eu pudesse
pensei que eu soubesse
pensei que você quisesse.

É, pensei...

....

Viúva negra

Rita Gottardi

Letal é seu olhar veneno
Que nada tem de sereno
Ao procurar o azul do meu

Letal, animal
Queima, inflama
Incendeia meu corpo
Que é só pecado

Deixa de lado
Meu ameno ser
Expõe minha alma
Na tua palma

Explosão letal é você
Que me toma
Me faz só carne
Arde

Agiganta minha libido
Injeta em minha veia teu veneno

Tal como teia
Devora a presa
E eu, morta,
Antítese de princesa
Explodo num cósmico orgasmo
O deixo pasmo
Morto com o próprio veneno.

Universo

Cristina Van Opstal

É deserto
tanto frio lá fora
sob um céu infinito
meu corpo aflora
estrelas espiam
o calor que não demora
Tu e eu? Anos-luz...
Escala ares
afundo mares
o longe então se reduz
tudo é tão certo
tua rima, meu verso
Te acolho em mim, Neruda
nossa alma se desnuda.

Beijo

Rita Gottardi

Loucos beijos que jamais te dei
Beijo com gosto de sal
Gosto de mar
Para mergulhar na tua boca
Beber da tua saliva

Matar a sede
Nessa fantasia que insiste em permanecer
Ficar

Beijo escondido
De namoro proibido
Beijo escancarado
Esfomeado
Beijo puro ou desavergonhado
Beijo intercalado por sorrisos
Ou beijo sério, cheio de siso

Não sei qual beijo te darei
Mas será inteiro
Cheio de beijo
O beijo que te darei.

Puro

Cristina Van Opstal

Alimenta minh'alma
de leite
Deleite-se.

Dobradinha

Rita Gottardi

Nunca comi dobradinha
Nem sou mais uma menininha
Você acertou no palpite
Tomo martini

Água durante a semana
Vinho nos fins
Beijo, se possível, todos os dias

Do pedestal, no qual me colocaste, caí
Só para ficar bem junto de ti

Na tua mão eu peguei
Não larguei

Teu olhar intenso
Tão imenso, me transportou
Música ouvi
Teu cheiro senti

Nunca comi dobradinha
Mesmo dizendo abobrinhas

Fiquei na boemia
A beber tuas palavras
Tua timidez que encantava
Minha vontade que guardava
Para você não perceber, pois me disse
Das nossas tantas diferenças
Que a descrença de algo acontecer
Entre mim e você
Ficou maior que o prato de dobradinha que nunca comi
E tive que engolir.

Mais de uma dúzia de coisinhas nem um pouco à toa que não nos deixam felizes

Cristina Van Opstal

crianças dormindo na rua
longe da escola
perto da esmola

plásticos sufocando o mar
morros a despencar
e ninguém pra dizer: "Alto lá!"

gente que não sabe ler
gente que não pode crer
gente que só quer ter

celular roubado na esquina
cueca escondendo propina
e a mesma "sina severina"

infância violada
pela confiança destruída
pela hipocrisia sagrada

juventude entorpecida
deixando passar a vida
indo encontrar a morte

na faixa de Gaza
anjos caindo do céu
gente voando sem asa.

Inspirado no lindo poema de Otávio Roth

Ser

Rita Gottardi

Sou quente sou fria
Sou amena sou intensa
Sou fogo sou brisa
Sou mansa sou arredia

Sou mulher sou menina
Sou minha sou sua
Sou toda nua
Tal como a lua

Sou macho sou fêmea
Sou grande sou pequena
Sou mãe sou filha
Sou como uma ilha

Sou nada sou tudo
Sou daqui sou do mundo
Sou loura sou morena
Sou alma sou carne

Sou calada sou matraca
Sou tantas numa só
Sou mamífero sou cobra
Sou terra e ar

Sou mais que eu mesma
A me procurar
Sou olhos sou mão
Sou toda coração

Sou inteira sou metade
Sou Eva sou Lilith
Sou criança sou velha
Sou riso sou séria

Sou verdade sou mentira
Sou plebeia sou rainha
Sou certeza sou dúvida
Sou única!

Fim

Cristina Van Opstal

Busco respostas que minhas dúvidas aplaquem
Fujo das memórias que minha dor aumentem
Procuro rimas que minha tristeza abrandem
Encontro histórias que meu coração aquecem

Desfaço planos que me consolam
Esqueço promessas que me invadem
Apago marcas que em meu corpo fervem
Disperso aromas que me sufocam

Afasto olhares que me perseguem
Esvazio-me de sabores que me consomem
Arranco palavras que me enlouquecem
Encaixo peças que me completam

Tudo isso... e nada! Nada de me entender...
Tudo isso... e nada! Nada de não mais te querer...

Juras

Rita Gottardi

Vislumbro sua presença
Na ausência, fantasio
Lingerie cheia de segundas intenções
Cinta-liga
Salto alto, batom vermelho
Espero você.

O frio aumenta
O coração esquenta
Meu corpo queima
Velas acesas
Perfume no ar

Fecho as cortinas
Você não veio
Vou deitar.

Ata-me
à cama.
Clama
Inflama
Insana
Ataca
em chama.
Mata
ou ama.

Cristina Van Opstal

Colheita

Rita Gottardi

Na lavoura da minha vida
ando entre terras perdida
numa simbiose freudiana
semeando vento
colhendo tempo
me perdendo
me redescobrindo

sou a planta carnívora
que a lavoura expurga
que a pá recolhe
que a enxada remexe
numa busca eterna da rima

sou menina ainda
e permaneço no papel de princesa
para não encarar a mim mesma
mundana, profana

essa semente
preparada pela lavoura
em simbiose com a terra
renascerá flor, fruto, tudo
que antes era promessa.

Pura

Cristina Van Opstal

Água que corre
das pedras e
dos olhos...

Água que limpa,
mas devasta.

Água que muda
e me afasta

Água que leva
e me resgata.

Água pura
água crua
água nua.

Hálito

Rita Gottardi

cálido é meu hálito
quando busca tua boca
minha língua insinua
provoca, tortura

hálito doce
escorre o mel
no céu da tua boca
trôpega

hálito quente
entreabre os dentes
crava em meus lábios
geme

hálito feromônio
atrai o macho
exponho o cio
provoco calafrios

hálito salgado, maresia
traz o beijo sensual
explode em ondas
vem me afogar...

Por inteiro

Cristina Van Opstal

Difícil encontrar alguém "para a vida inteira"...
Mais difícil ainda é encontrar alguém inteiro
Que se queira entregar por inteiro...

São tantas metades machucadas...
Plenas? Só de mágoas e cicatrizes.
Aos pedaços, sem vontade,
vagueiam assustadas
sem sequer lembrarem
de que, um dia, foram felizes...

Num quebra-cabeça faltando peças,
procuram suas partes,
perdem-se em lençóis baldios,
maldizem a má sorte.
Num abandono fugidio,
não encontram quem os conforte.

E assim, aos pedaços
Ao amor, dizem adeus
Não sabendo ser inteiro,
não fincam suas raízes,
nem sequer acreditam
que, um dia, seriam felizes...

RIMAS IRMÃS

O beijo aconteceu
O sol apareceu para brindar

Os teus olhos mais negros ficaram
Os meus, mais azuis
E no azul escuro dessa mistura
Explosão pura.

Ternura
Afeto
Sentimento abstrato,
Beijo concreto.

Rita Gottardi

Tu e eu,
tão à flor da pele...
Por que meu corpo não te repele?
Por que teu sonho não me esquece?

Cristina Van Opstal

Amor é refúgio
É cuidado
É carinho redobrado

Amor é gentileza
É cama e mesa
E um *bocadinho* de surpresa

Amor é asa
É reciprocidade
É estar por vontade

Amor é casa
É peito aberto
É estar por perto

Amor é luz
É verdade
É coragem.

Cristina Van Opstal

Combinações

Rita Gottardi

Arroz com feijão
Boa sugestão
Sol com verão
Que curtição!
Fé com esperança
Alegria com criança
Paz com prioridade
Família com integridade
Amor com construir
Razão com discernir
Sorrir com vontade
Querer com verdade
Você comigo
Ai, que perigo!

Só... nós

Cristina Van Opstal

Ela era sol
Ele vivia na tempestade
Ela queria o algoritmo
Ele, o problema
Ela era a esperança,
Ele, a dor da experiência
Ele era forte
Ela também!

Eles se amaram?
Com toda a verdade...
Eles tentaram?
Com toda a força

Mas...
Ela era laço,
Ele era nó...
Acabaram seguindo sós!

Pedido
Rita Gottardi

Quero boiar no teu corpo
Mergulhar minha alma na tua palma
Afogar-me em carícias
Ah, que delícia...
Sentir teu cheiro de mar
Gosto de sal
Quero gemer baixinho
Gritar sem jeito e alto
No teu peito aportar
Navegar teu olhar
Pote de mel
Ver o céu
Ir além do infinito e teu coração sentir
Seu sorriso ver abrir
quando olha pra mim
Sem fim.
Respirar você
Quero crer no hoje
Sem tempo marcar
Sem ontem, nem amanhã
Quero respirar essa brisa
Que vem do mar
Ou do teu corpo?
Maresia deixar entrar
Tomar conta de mim
Em ondas explodir
Arrebentar na areia

E tal como sereia
Cantar um canto
Encantar
Pra nosso espanto
Notar que o encanto
Juntou corpo e alma
Nesse mar sereno
Nunca ameno
Navegar sem rumo,
Sem prumo
Rodopiar no turbilhão de sentimentos
E nesse momento
Deixar à deriva
Sem racionalizar

Apesar de...

Cristina Van Opstal

Apesar
dos meus receios
dos meus pesares
tu me fizeste sonhar
tu me fizeste querer

Apesar
das minhas dúvidas
das minhas crenças
tu me fizeste esperar
tu me fizeste crer

Apesar
das evidências
das diferenças
tu me fizeste esquecer
tu me fizeste amar!

Promessas

Rita Gottardi

Palavras pipocam
Pulam
Estouram
O vento leva
Promessas.
Palavras criam
Recriam1
Imaginam
Imagens
Mentiras, verdades
Palavras tristes
Angustiam
Retiram
Terminam sonhos
Pretérito do futuro
Blues.
Palavras futuras
Breves
Leves
Alegres
O vento traz
Promessas.

Primavera

Cristina Van Opstal

Floresci...
É primavera
Foi-se a espera!

Gira-ao-sol
Busca a luz
aquece o corpo
ilumina a casa
liberta a asa

ligeiro
beija-a-flor
espalha esperança
semente de jardim
dentro de mim

Orquídea rara
devolve, restaura
a cor...
o calor...
o sabor...

Floresci...
Primavera acordei
Ser feliz é minha lei!

Escolhas
Rita Gottardi

Espero tua presença
na ausência

sussurro teu nome ao vento
e a maresia vem me abraçar

canto Cartola
pra te impressionar

olho teus olhos
pra neles mergulhar

faço do meu corpo
teu lar

mas a tua escolha
é deixar pra lá.

Vão
Cristina Van Opstal

Por que razão esta
saudade me inquieta?
Não deixei a porta aberta!
Sei que acabou
Sei que não há outro jeito
Sei que não é mais tempo...

Todavia esta saudade triste
invade, amiúde,
meio rude
acusando-me:
"Como pude?"

Inverno

Cristina Van Opstal

Fechei!
Fez-se inverno
Hiberno.
Olho pra mim
Vasculho por dentro
denso, tenso
viro do avesso
junto os pedaços
a verdade escancaro
Procuro no escuro
a cura...
a jura...
minh'alma pura

Fechei...
Mas, um dia, eu volto,
Solta
Suave
Inteira.

Pai

Rita Gottardi

Corre pelo campo atrás da bola
Rola, rola
Redondinha em teus pés
Passa para o goleiro
com maestria
Esguia é tua postura
Brilha sob o sol
Sob a lua
Redonda
Nua
Serás bola?
Teus pés
Driblam escanteios
Faz com que ela retorne
No grande campo verde
Deleite para a torcida
ÔOOOOOOO
Escuta-se o eco
Foi por um triz
Mas tu estavas lá
Feliz
Correndo para o abraço
Será que são as asas
que ganhaste?
Ou a liberdade de
jogar aí no céu
Junto de Garrincha
De todos os seus cupinchas?
Te vejo assim
Sobrevoando o campo verde
Com a torcida
gritando seu nome
Afinal já chegaste pronto
para partida
Vestido com a camisa do seu
time do coração
Partida de futebol
Partida da vida
Timão
O juiz apita
É início do segundo tempo
Você precisa arrasar
Vai lá, pai
Que a tua filha aqui na Terra
Fica a te observar
Lembra?
Até quando o senhor
pisava na bola
E fazia um gol contra
Eu nem ligava
E como criança gritava
Para as pessoas espantadas
GOOOOOOOOLLLLLL
Do meu pai!!!

Fiz tanto para não mais me lembrar
Quis tanto não mais te querer
Nunca mais olhei para trás
Nunca mais pensei em nós
Nunca mais pensei ouvir tua voz.
....

E hoje nem sei mais como pude
pensar em deixar de te amar...

Cristina Van Opstal

Densidade

Rita Gottardi

guerreira, arqueira
sempre certeira.
opiniões contraditórias
história!!!

mulheres sempre são alegres
estereótipos...
idiotas são aqueles
que não percebem

enquanto mãe
uma leoa
protege a prole
ruge, entoa

mas se mulher
no cio se encontra
apronta
arquétipos desmonta

paradigma: a submissa
reza o terço
vai à missa
diabólico olhar...

quando ferida
com uma lambida
reergue a cabeça
segue a vida

vencendo, perdendo
não importa
decidida
abre a porta

atrás de si
apenas o perfume
que no ar se espalha
de graça, desgraça

mulher gata
cai em pé
sete vidas
felinas...

como frágil porcelana
seja Rita, seja Ana
mucama ou feiticeira
a dualidade reclama

pede passagem
como miragem
desmancha no ar
gravita, levita

flutua nua
intensa, imensa
pensa: tão densa
quanto o mar morto
e pronto!

Sem lastros

Cristina Van Opstal

Nesse mar de correnteza
mergulho bem fundo...

Contemplo a beleza
imensa
Respiro o silêncio
profundo

Me encanto
Me encontro
Me escuto...

Moça educada

Rita Gottardi

Educação complicada
Que nos é dada
Moça educada
Não procura
se não é procurada

foi assim que aprendi
desde bem cedo
a sentar direito
não apontar o dedo
não mascar chiclete
nem bancar a tiete

e o que faço
com o fato concreto
em nada abstrato
de querer
chamar um homem a sair

não foi assim que aprendeu,
mocinha
fique na linha
reprima o desejo.
Que nada!

Tão simples pode ser
faço o convite
e, se por palpite, ele recusar
respiro bem fundo
inflo o peito
e meio sem jeito
reflito, penso
que coragem maior não há
com a educação que tive
um homem convidar

então vamos lá
quer sair comigo?
ver um céu estrelado ou não
dançar ou ficar sentado
cantar ou ser cantado
não importa

abra a porta
puxe as cortinas
se arrume bonito
e pense comigo
hoje vou ver a Rita.

Baile

Cristina Van Opstal

Perdi a valsa
Perdi a hora
Perdi a história.

O sapato?
Ah, esse eu nem calcei...

Recomeço

Rita Gottardi

Tropeço
Balanço
Reequilibro
Sigo
Persisto
Desisto

                              Sem legenda
                                Sem lenda
                                Sem título
                                Sem ritmo
                                  Sem foco
                                  Sem lócus
                                    Sem ar
                                    Sem lar

                                Só tristeza
                                    sem ti...

Cristina Van Opstal

Antes de o mar, mais uma vez, te trazer
Antes de ouvir o que teu coração tinha pra me dizer
Antes de teu olhar, de novo, me prender
Eu tinha tantas certezas...

Cristina Van Opstal

In dubio

Cristina Van Opstal

Antes de partir
é preciso dizer...

Não posso crer que só eu sinta
que a gente se faz tão bem...

Sinto isso quando a gente conversa horas ao telefone ou no sofá de sua casa...
Sinto isso quando você me conta seu dia e fica à vontade pra falar de suas alegrias e seus receios...
Sinto isso quando a gente se abraça demoradamente...
Sinto isso quando vejo que te "beijo a boca de um jeito que te faça rir"...
Sinto isso quando sinto seu corpo me querendo...
Sinto isso quando sinto meu corpo se rendendo...
Sinto isso quando sinto que só melhora cada vez que estamos juntos...

Não posso crer que só eu sinta
que a gente se amar seria inevitável...

Era uma vez...

Cristina Van Opstal

Nunca fiz o tipo *princesinha-adormecida-aguarda-salvador-que-a-resgatará-da-terrível-bruxa-má*
Nunca fui tão Branca que arrumasse a casa de alguém apenas por interesse próprio...
Nunca teci, fiei, bordei, mas cheguei aos quinze anos com muitos livros de cabeceira...
Nunca soube fazer trança (nem prancha!)
e nunca precisei de uma abóbora mágica para poder dançar...

Sou uma princesa de vanguarda,
que adora maçãs e acorda despenteada,
Não quero o maior castelo do mundo
Quero meu mundo maior que um castelo
Sei alguns feitiços, tenho meus caprichos,
bailo valsa, mas prefiro samba

Sou uma princesa original,
estou longe de ser de cristal...
Já pulei em pontes, dei com a cara no muro
procuro aprender mais, não finjo saber menos
Encaro um espelho, enfrento meu lado escuro
a dor não me satisfaz, passo longe dos venenos

Mas sou uma princesa!...
Os sonhos de "era uma vez" também me habitam...
Acredito em finais felizes
(embora saiba que eles resultem de muito esforço e vontade)
Ah, e eu mereço um príncipe de verdade!

Mas... desejo meu príncipe diferente:
menos encantado,
mais gente
menos perfeito,
mais empenhado,
perfumado sempre:
aroma de banho tomado...

Quero colo, quero beijo,
quero arrepio, quero amasso,
quero afago, quero sossego,
quero ternura e aconchego
....
Talvez, por isso, meu príncipe ainda não tenha chegado
Ou, quem sabe, deve estar com o endereço errado
....
Enquanto isso?
Não fico esperando sentada aguardando meu destino
Ponho o pé na estrada, espalho flores pelo caminho
guardo alguns poemas pra quando meu coração se sentir sozinho...

E que Bela Adormecida que nada!
Quando eu o encontrar quero estar bem acordada!

Brincando com palavras
Poemas infantis

Balãozinho

Rita Gottardi

Balão balãozinho
Volte aqui meu amiguinho
Voa pro céu
Pois é de papel

Cai aqui na minha mão
Não cai não
Cai no chão
Colorindo feito estrelas
Vira constelação

Festa

Rita Gottardi

A festa acabou
A fogueira já queimou
Comi pipoca, tapioca
Lá na roça do tio João
Recebi de coração
Muito correio elegante
Fiquei feito gigante
A rainha da festa junina!

O jacaré
Rita Gottardi

O jacaré, sabe como é?
Não parece um pangaré
Muito menos picolé.
Jacaré usa boné?
Uma boina de lado talvez!
Esconde o olhar desconfiado
Mas uma coisa é fato
Não tem chulé
Pois arrasta a calda
Lá no meio da maré.

Pessoas
Rita Gottardi

Era uma vez um japonês
Vendia pastel cor de céu
Sou freguês

Era uma vez uma cigana
Que dançava
Na nuvem flutuava

Era uma vez um negro
Voava como a graúna,
pintado em nanquim
Coloria o mundo,
livre enfim

Era uma vez um anão
Doutor em filosofia
Vivia em dúvida entre o
sim e o não

Zoológico
Rita Gottardi

O pinguim todo desajeitado
Parece que vai cair deitado
Com sua casaca
Emprestada.
E a girafa
Esticando o pescoção
Pra fofocar com o leão
Que a vizinha jaguatirica
Pegou uma coceira
De brincar na areia.
Foi quando dona toupeira
Com seu faro fenomenal
Interrompeu a fofoca
Pra falar da foca
Que saiu atrás da bola
Aplaudindo entusiasmada
Caiu da escada
E afundou o nariz na lama.
E dona lhama
Se inflama
Pondo ordem no zoológico
Veste seu casaco colorido lá dos Andes
rebolando vai embora
dando beijinho no ombro.

A casa
Rita Gottardi

A minha casa
É toda colorida
Azul, amarela e rosa
Cheirosa como alecrim
Tem bolo de chocolate
E também de aipim
Minha cama parece nuvem
Minha banheira o mar
Passo o dia a brincar
Na árvore do pomar

ABC
Rita Gottardi

Eu adoro o ABC
Pois com essas amiguinhas,
Minhas letrinhas,
E s c r e v o   a m o r,
brigadeiro e calor
D r o m e d á r i o,   e s c o l a,
gotinhas...

Você pode imaginar
o que você quiser
Pode ir à lua,
À praia
A todo lugar

Algodão doce
Pode virar nuvem
Leão virar gatinho
Passarinho, piu-piu

Posso inventar a felicidade
Fugir da saudade
Criar sem fim
Recriar um fim